Action Populaire

SÉRIE SOCIALE

Une vaste réforme en perspective

LES

ASSURANCES SOCIALES

3

PRIX DE LA BROCHURE
1 franc.

ACTION POPULAIRE

" Editions Spes "

17, RUE SOUFFLOT, PARIS (5ᵉ)
Chèques postaux 525-52.

1926

Le premier rapport parlementaire

sur le

Projet d'Assurances Sociales

(Rapport de M. Ed. Grinda, 31 janvier 1923.)

Au nom de la *Commission d'Assurance et de Prévoyance sociales* [1], chargée par la Chambre d'examiner le projet de loi sur les assurances sociales déposé sur son bureau, le 22 mars 1921, M. le docteur Grinda vient de soumettre au Parlement, en un copieux rapport de 512 grandes pages, le résultat des 59 séances d'étude tenues par cette commission, de mai 1921 à décembre 1922. « Ce travail est le fruit d'une étude attentive, note le rapporteur, minutieuse, où tous les points de vue ont été examinés, où toutes les opinions se sont fait jour. Dans ses résolutions, la Commission ne s'est inspirée que du souci de la justice et de l'intérêt général du pays. » Bel éloge et — nous nous reprocherions de ne pas le faire remarquer — éloge parfaitement mérité. Rarement commission parlementaire a rempli sa tâche avec plus de conscience. Elle a longuement entendu les représentants des associations les plus représentatives de tous les intéressés au projet : mutualistes, employeurs, travailleurs de tous ordres, agriculteurs, médecins et pharmaciens. Elle a confronté leurs suggestions avec les résultats de l'expérience alsacienne, et elle a vraiment fait effort pour tirer de ces données, souvent divergentes, la matière de résolutions qui tinssent compte, autant que faire se peut, de tous les intérêts en présence.

En substance, la Commission s'est ralliée aux lignes essentielles du projet gouvernemental, mais en modifiant profondément son esprit par un appel plus large et plus confiant à l'initiative privée. « L'*obligation* sanctionnée par le *précompte ;* l'*unité* dans l'établissement des assurances, la méthode et la forme *mutualistes* appliquées dans leur fonctionnement ; l'*égalité* dans

---

1. Doc. parl., Chambre, annexe 5505.

la *participation patronale et ouvrière :* la *limitation de l'intervention de l'Etat,* tels sont, écrit le rapporteur, les principes sur lesquels le monument nouveau est fortement établi. »

I. — LES PRINCIPES DIRECTEURS.

L'obligation et le précompte : Les expériences sur ce point ont été décisives. *Si* personne ne méconnaît la valeur morale supérieure de la prévoyance libre, tous s'accordent à conclure, même les mutualistes, que l'obligation est indispensable, et « il n'est aucun groupement, même patronal, qui, se ralliant au principe de l'obligation, ne proclame en même temps la nécessité du précompte ». L'obligation n'allant pas sans sanctions, celles-ci sont prévues, mais moins sous la forme de sanctions pénales que sous celle de sanctions morales (déchéances) ou de sanctions ayant un caractère purement civil (restitutions).

Unité de l'assurance : « S'entr'aidant, les diverses assurances limitent considérablement leurs propres charges. » Leur fonctionnement combiné aboutit « à une simplification considérable qui entraîne du même coup d'importantes économies de temps et d'argent ». — D'ailleurs toutes s'imposent, et il est indispensable qu'elles soient établies sur la base familiale.

Méthode et forme mutualistes dans le fonctionnement des organismes d'assurances : une assurance sociale étant avant tout une institution de prévoyance, « c'est aux initiatives libres qu'il convient de la confier ». En conséquence, « la gestion tout entière des assurances sociales est confiée aux intéressés sans aucune intervention de l'Etat ». Les caisses d'assurances constituent de véritables mutualités, libres, autonomes et fédérées par région, chaque Union régionale percevant les cotisations qu'elle répartit ensuite entre les Caisses. Tous les excédents de recettes restent acquis aux caisses bien gérées et les réserves qu'ils constituent peuvent être consacrées à réduire les cotisations à un taux inférieur à 10 % des salaires. — Au Centre une « Caisse générale de garantie », alimentée par un prélèvement uniforme sur toutes les cotisations, assure la compensation.

Ainsi, « ce sont dorénavant les caisses dues à l'initiative privée qui deviendront les organes essentiels de l'application de la loi, les caisses légales n'étant plus que des caisses de remplacement destinées à suppléer à la carence des institution libres... », et elles seront gérées par des administrateurs désignés à l'élection.

Egalité dans la participation patronale et ouvrière : « La cotisation ouvrière est reconnue aujourd'hui comme une nécessité par la majorité des travailleurs... La légitimité de la participation patronale n'a d'ailleurs jamais fait de doute pour le patronat lui-même... L'égalité (des deux participations) se justifie, non pas seulement par des considérations d'équité, mais encore par l'intérêt d'instaurer un équilibre favorable à la paix sociale. »

Limitation de l'intervention de l'Etat : intervention justifiée par l'intérêt qu'a la collectivité au développement des assurances sociales...; mais intervention limitée et quant à son objet et quant à son étendue, l'Etat ne prenant à sa charge que les frais de gestion du nouveau service, les allocations pour charges familiales, la bonification des trop faibles cotisations, la liquidation de la loi de 1910 sur les retraites ouvrières.

II. — LES BÉNÉFICIAIRES

Assurés obligatoires : l'obligation étant assurée par le précompte, seuls pourront être assurés obligatoires « les travailleurs liés par un contrat de travail et rémunérés par un salaire ». En fait, ce seront tous les salariés français de l'un ou l'autre sexe, dont la rémunération n'excède pas 10.000 fr. », ce maximum étant majoré de 2.000 fr. par enfant de moins de 16 ans à la charge de l'assuré[1].

Assurés facultatifs : « tous ceux qui, sans être salariés, vivent principalement du produit de leur travail, aux conditions suivantes : 1° que leur revenu ne dépasse pas le taux maximum adopté pour les assurés obligatoires...; 2° que le taux de la cotisation, entièrement payée par l'assuré, soit de 10 % du revenu...; 3° qu'ils soient âgés de moins de 30 ans et ne soient atteints d'aucune maladie chronique ou incurable ni d'aucune invalidité... »

Un traitement de faveur est réservé aux mutualistes et aux anciens combattants. Une interruption de 12 mois dans les versements entraîne radiation.

Femmes non salariées des assurés : une assurance spéciale leur est réservée, aux conditions générales applicables aux assurés facultatifs, moyennant une cotisation minimum de 10 fr. par mois.

Anciens combattants : pour eux, l'âge limite de l'admission à l'assurance facultative est porté de 30 à 35 ans, et les maladies, blessures ou infirmités d'origine militaire ne peuvent en aucun cas leur être opposées.

III. — LES RISQUES COUVERTS

Ce sont, en général, la maladie, l'invalidité, le décès, la vieillesse, la maternité et les charges de famille. — Les prestations prévues pour y faire face sont de deux ordres : des prestations en nature, les mêmes pour tous (soins médicaux, chirurgicaux, traitements hospitaliers, médicaments...) et des prestations en espèces (allocations ou pensions) variant suivant les cotisations.

---

1. Sur ces bases, les bénéficiaires de l'assurance peuvent être évalués à 7.806.000 salariés (dont 3 millions environ de travailleurs agricoles), 1.300.000 femmes non assurées et 3 millions d'enfants de moins de 16 ans. Les *salariés étrangers* travaillant en France sont soumis au même régime que les salariés français et paient les mêmes cotisations, mais ils n'ont droit aux pensions de vieillesse ou d'invalidité et aux allocations pour charges de famille que si leur pays d'origine garantit à nos nationaux des avantages équivalents.

Pour éviter la complication résultant de la variation des salaires, ceux-ci seront divisés en 6 classes pour chacune desquelles la cotisation, et donc les prestations, restent invariables.

CLASSES de salaires	SALAIRES DE BASE		COTISATIONS dues respectivement par l'assuré et l'employeur	
	Journalier	Annuel	Journalières	Annuelles
1"	0 à 4 fr. (3 fr.) *moyenne*	0 à 1.200 fr. (900 fr.) *moyenne*	0 fr. 15	45 fr.
2°	4 à 8 fr. (6 fr.)	1.200 à 2.400 fr. (1.800 fr.)	0 fr. 30	90 fr.
3°	8 à 13 fr. 50 (10 fr. 66)	2.400 à 4.000 fr. (3.200 fr.)	0 fr. 55	160 fr.
4°	13,50 à 20 fr. (16 fr. 66)	4.000 à 6.000 fr. (5.000 fr.)	0 fr. 85	250 fr.
5°	20 à 26 fr. 75 (23 fr. 33)	6.000 à 8.000 fr. (7.000 fr.)	1 fr. 20	350 fr.
6°	26,75 à 33 fr. 50 (30 fr.)	8.000 à 10.000 fr. (9.000 fr.)	1 fr. 50	450 fr.

1. — *Assurance maladie-invalidité.*

A) *Les prestations maladie-invalidité.* — Elles comportent :

— pendant les six premiers mois : les soins médicaux et, en cas d'incapacité de travail d'au moins 60 %, des allocations journalières à partir du 4° jour ;

— de la fin du 6° mois à l'expiration de la 3° année : les soins médicaux, sous réserve d'un minimum de cotisations, et des allocations mensuelles, suivant la classe, de 45, 75, 110, 140, 195 ou 250 fr. ;

— à l'expiration de la 5° année et si l'incapacité est restée au moins égale à 60 % : des pensions d'invalidité de 500, 900, 1.275, 1.650, 2.325 ou 3.000 fr., suivant les classes.

B) *Organisation des services médicaux et pharmaceutiques.*

Le service médical sera organisé sur le triple principe : 1° du libre choix du médecin, sous la seule réserve que celui-ci ait adhéré aux clauses du contrat collectif ou du règlement de la Caisse dont relève le malade ; — 2° de la détermination des engagements réciproques par contrat collectif librement débattu entre les groupements médicaux et les Caisses d'assurances ; — 3° de la présentation par le malade, à chaque recours au médecin, d'un ticket modérateur d'une valeur variable, au gré des Caisses, suivant la classe des assurés ou la nature des soins réclamés, sous la seule réserve de ne pas excéder le tiers de l'allocation journalière de maladie.

A des détails près, ces principes s'appliqueront à l'organisation du service pharmaceutique.

Le contrôle des deux services sera exercé par le Conseil d'administration de la Caisse, en dehors de toute technicité, — par des Commissions mixtes, pour la vérification des notes médicales et pharmaceutiques, — par les syndicats médicaux eux-mêmes, en matière de pure technique.

2. — *Assurance-maternité.*

Elle comporte les prestations suivantes :

Soins médicaux et pharm. au cours de la grossesse et des six mois qui suivent l'accouchement ; — allocation journalière de repos pendant les 6 semaines qui précèdent et les 6 semaines qui suivent les couches ; — allocation d'allaitement maternel de 100 fr. pour chacun des 2 premiers mois, 75 fr. pour le 3', 50 fr. du 4' au 6', 25 fr. du 7' au 9', 10 fr. du 10' au 12'.

3. — *Assurance-vieillesse.*

La pension-vieillesse est constituée par les versements des assurés et de leurs employeurs, capitalisés à un *compte individuel* d'assurance, au moyen d'un prélèvement évalué, suivant les classes, aux 2/10, 3/10, 4/10 et 5/10 de la cotisation globale. L'assuré reste libre d'opérer ses versements à capital aliéné ou à capital réservé ; enfin, le jeu de l'assurance admet la réversibilité sur la tête du conjoint et le remploi du capital constitutif de la rente.

Dès qu'ont été remplies les conditions de versement normales (soit 9.000 cotisations journalières, correspondant à 30 années de versement de 300 jours de travail chacune), une *pension minimum est garantie* à l'assuré ; minimum atteignant, suivant les classes : 500, 900, 1.275, 1.650, 2.325, 3.000 fr., et, au cas où l'assuré a passé par plusieurs classes, calculé au prorata du temps passé dans chaque classe.

La pension minimum, toutes ses conditions étant remplies, se détermine à 60 ans ; à défaut de 9.000 cotisations, elle est différée jusqu'à l'anniversaire de naissance qui suit le jour où ces cotisations ont été versées, sans pouvoir toutefois être reculée au delà de 65 ans.

Si les versements assurent une rente supérieure à la pension minimum garantie, c'est cette rente qui constitue la pension de vieillesse.

Les 9.000 cotisations versées, l'assuré reste libre d'anticiper ou de différer la liquidation de sa pension sous réserve d'une réduction ou en vue d'un accroissement proportionnel de sa rente.

Seul le minimum de 500 fr. est garanti aux assurés du régime transitoire à qui il ne serait pas possible, en raison de leur âge à la date d'application de la loi, d'effectuer la quotité des versements normalement requise.

4. *Assurance-décès.*

Une allocation est accordée, en cas de décès, en vue « d'apporter aux ayants droit de l'assuré défunt une aide destinée à subvenir, suivant les classes, aux frais extraordinaires occasionnés par la mort ». Elle se monte à 175, 300, 500, 750, 1.000, 1.200 fr. payables partie au moment de la mort, partie à l'expiration du 1" ou du 2' mois qui suit.

5. *Assurance des charges de famille.*

L'assurance avantage les chefs de famille de la façon suivante : sans leur réclamer une cotisation supérieure à celle des célibataires ou des assurés mariés sans enfant, elle couvre en tout ou partie les frais supplémentaires résultant pour eux de la maladie des conjoints et des enfants de moins de 16 ans non salariés, légitimes, reconnus ou recueillis et à la charge de l'assuré. En cas d'incapacité de travail du salarié lui-même, elle majore les allocations et pensions destinées à remplacer en partie le salaire, en tenant compte du nombre des enfants (soit, pour chaque enfant, o fr. 5o de majoration de l'allocation journalière, 10 fr. de majoration de l'allocation mensuelle et 100 fr. de majoration de la pension d'invalidité et de l'allocation au décès).

L'allocation de 20c fr., prévue pour chaque naissance par le projet du gouvernement, est supprimée. La Commission a « jugé plus utile de reporter l'économie ainsi réalisée sur les allocations d'allaitement ; leur très sensible majoration permet, en effet, d'escompter une diminution importante de la mortalité infantile [1]. Elle constitue à la fois une prime à la naissance et à la protection si nécessaire du nouveau-né ».

IV. — DISPOSITIONS SPÉCIALES AUX PROFESSIONS AGRICOLES

« Si les avantages accordés et les sacrifices demandés doivent en principe être égaux pour tous, paysans ou citadins, ce n'est pas à dire que les modalités n'en puissent être diverses... A la ville, le travailleur qui veut se garantir contre les risques de l'existence, cherche à acquérir, sous quelque forme que ce soit, des valeurs mobilières lui garantissant un revenu... A la campagne, le cultivateur... cherche plutôt à accroître son bien qu'à posséder des rentes..., le travail y est moins individuel que familial..., le salaire y est généralement pour une bonne part soldé en nature..., la comptabilité de l'employeur y fait souvent défaut... » Il y avait donc nécessité « d'adapter les conditions d'application de la loi aux habitudes, aux traditions, à la mentalité même des paysans ».

Bénéficiaires : Vu la complexité du travail agricole, il était d'abord nécessaire de préciser plus nettement les catégories de travailleurs assujettis à la loi soit au titre d'assurés obligatoires, soit au titre d'assurés facultatifs. Ces déterminations sont opérées par l'application à la loi d'assurances des catégories de travailleurs définies aux art. 1 et 2 de la loi du 15 déc. 1922 sur les accidents agricoles. S'y ajoutent seulement, à titre d'assurés obligatoires, les domestiques attachés à la personne et les petits propriétaires faisant, de façon intermittente, office d'ouvriers agricoles proprement dits.

---

1. « Les puériculteurs estiment que, par la surveillance de l'allaitement et par la généralisation de l'allaitement maternel, c'est plus de 60.000 existences qu'on pourrait sauver tous les ans : la population d'une grande ville. »

Détermination des salaires : à l'imitation du procédé adopté par la loi sur les accidents agricoles (art. 8), elle sera fixée d'après un taux forfaitaire, arrêté pour chaque département, d'après le salaire moyen annuel des travailleurs agricoles. Ce taux sera évalué chaque année par chacune des Caisses, pour son ressort, mais ne deviendra définitif qu'après approbation de la Fédération régionale des caisses qui gardera ainsi un pouvoir d'unification et de contrôle.

Perception des cotisations : Elles seront versées directement, par l'employeur ou l'assuré facultatif, au représentant local de la Fédération régionale, non pas nécessairement toutefois lors de chaque paie, mais tous les 3 mois. Cependant un livret, laissé aux mains du salarié et présenté par lui au moment de chaque paie, portera mention de tous les versements effectués par l'employeur.

Prestations : Dans la répartition des fractions de la cotisation entre les différentes branches de l'assurance, compte est tenu du fait que tels ou tels risques sont plus ou moins fréquents à la campagne qu'à la ville, vg. moins d'invalides et plus de vieillards. — De plus, la cotisation, pour la part qui couvre la maladie, est réduite chaque fois que l'employeur déclare accepter, comme le cas est fréquent, de continuer à nourrir et loger son ouvrier malade.

Organismes de gestion : La Commission fait appel à toutes les institutions de prévoyance, si nombreuses déjà, organisées à la campagne. Sous réserve d'une simple déclaration faite à l'Office, elles pourront être admises à se charger des recouvrements et du service local des prestations, conserver et gérer la fraction des cotisations correspondant aux services qu'elles assurent. A leur défaut, il pourra se constituer des caisses auxquelles ne seront affiliés que les agriculteurs, caisses groupées en Fédérations régionales agricoles.

V. — FONCTIONNEMENT TECHNIQUE DES ASSURANCES.

Les recettes annuelles des assurances sociales s'élèveront, suivant les prévisions, à environ 3 milliards ; comment gérer ces fonds considérables ?

Une première méthode, dite de *répartition*, consisterait à répartir entre les prestations d'une période déterminée l'ensemble des recettes sociales recueillies au cours de cette période. — Solution séduisante par sa simplicité : elle n'entraîne aucune accumulation de capitaux et supprime la difficulté de les gérer ou de les placer. Mais de graves objections lui sont faites : si elle convient bien au cas de l'assurance-maladie, elle est incapable de ménager au jeu des assurances-vieillesse et invalidité la sécurité dont elles ne peuvent se passer sans risquer la faillite.

Une seconde méthode, dite de *capitalisation*, consisterait à accumuler, jusqu'à liquidation de leurs droits, les cotisations versées par les assurés. Grossies des intérêts composés et des versements des assurés décédés avant la réalisation du risque, elles finiraient par former un capital, théoriquement égal à la valeur actuelle des sommes à verser aux bénéficiaires, au titre des différentes prestations. — Ici, plus d'aléas. A tout moment, l'assuré est certain de bénéficier de la totalité des droits acquis par ses versements. Mais par contre la capitalisation entraîne des mises en réserve considérables, comporte des opérations de placement délicates, est sujette à des dépréciations qui ne sont pas sans danger.

Pour toutes ces raisons, la Commission s'est arrêtée à une solution mixte, englobant 3 régimes financiers différents, suivant les branches d'assurances à organiser.

1. La triple *assurance-maladie, maternité et décès* gère la partie des cotisations qui lui est affectée (soit, suivant les classes, 8/10 de la cotisation totale de la 1" classe, 7/10 de la 2', 6/10 de la 3', 5,5/10 de la 4', 5/10 de la 5' et de la 6') d'après la méthode de la répartition.

2. L'*assurance-vieillesse*, à qui revient le reste de la cotisation, gère cet apport d'après une méthode de capitalisation basée sur la tenue de comptes individuels mais dont elle corrige, au profit des classes modestes, les inégalités trop criantes, par le jeu de répartition d'un fonds de garantie alimenté par un prélèvement minime effectué sur toutes les cotisations (5 fr. pour la 1" classe, 10, 15, 20, 30 et 40 pour chacune des suivantes) et bonifié d'une contribution de l'Etat. Ce fonds assurera les compléments nécessaires pour hausser les rentes insuffisantes jusqu'au minimum garanti.

3. L'*assurance-invalidité* enfin admettra les deux systèmes. Elle comporte en effet deux périodes très distinctes : la première durant laquelle il n'est encore question que de subvenir aux frais d'une maladie prolongée, la seconde durant laquelle elle a à préparer la pension de retraite d'une vieillesse anticipée. Elle appliquera donc d'abord, suivant les règles techniques de l'assurance-maladie, le système de la répartition ; puis, à l'expiration de la première année de maladie jusqu'à l'expiration de la cinquième, elle fera appel à la capitalisation pour assurer la constitution des capitaux nécessaires au service de la pension.

Organismes de recouvrement et de répartition des cotisations. — Dans le cadre de 25 *circonscriptions régionales*, non encore délimitées, il est prévu que se constitueront autant de *Fédérations régionales* dans lesquelles « pourront librement se mouvoir, avec les formes les plus variées, toutes les organisations spontanées et les institutions libres » qui prendront la charge de constituer les caisses locales. L'*Union des caisses d'assurances de la région* ainsi formée sera chargée :

1' d'effectuer le recouvrement des cotisations ;
2' d'assurer leur répartition entre les caisses ;
3' d'organiser et de gérer l'assurance-invalidité.

Toutes les caisses seront représentées, dans le *Conseil de l'Union*, au prorata du nombre de leurs adhérents. Ce Conseil choisira, en toute indépendance, son bureau et son directeur, réglera de lui-même toutes les modalités de son organisation et pourvoira, par le moyen des ressources de l'Union, bonifiées par l'Etat, à ses propres dépenses d'administration.

Au-dessus des « Unions des caisses d'assurances de régions » une *Caisse générale de garantie* fera face à la réassurance et à la compensation.

Organismes de gestion. — Ils sont constitués par les *caisses*, et la création de celles-ci est, en principe, réservée à l'initiative privée. L'intervention administrative n'est prévue qu'au cas où l'effort individuel ferait défaut ; et c'est pourquoi, durant toute la période qui suivra la promulgation de la loi jusqu'à l'élaboration des règlements d'administration publique, « seule l'initiative privée aura le champ libre pour créer des organismes nouveaux ou pour adopter les organismes existants. »

Ces organismes comprendront, dans chaque région :

— Des *Caisses mutualistes, professionnelles, syndicales, d'établissements commerciaux, industriels ou agricoles...* assurant, sous la réserve d'un nombre minimum d'adhérents et l'obligation d'accepter sans examen médical préalable les assurés obligatoires, l'assurance-maladie, l'assur.-maternité, l'assur.-vieillesse et l'assur.-décès. Leur Conseil d'administration comportera au moins la moitié d'assurés.

— Une *Caisse autonome régionale* assurant les mêmes services, à l'usage « des assurés qui pourraient se refuser à entrer dans une des caisses dues ainsi à l'initiative privée ». Elle sera administrée par un Conseil de 24 membres, dont 12 représentants élus des assurés, 8 représentants élus des employeurs et 4 membres choisis par l'Office national des Assurances sociales.

— Une *Caisse régionale d'assurance-invalidité* jouissant de la personnalité civile, fonctionnant sous la responsabilité de l'Union des Caisses de la région et administrée par le Conseil de cette Union. Le fonctionnement d'une Caisse-invalidité exigeant au moins un effectif de 3oo.ooo assurés, il est difficile de prévoir la création de plusieurs de ces caisses par région.

En compensation de la nécessité où les caisses se trouveront désormais d'accepter indistinctement tous les postulants, il est prévu que les *bonis*, réalisés par la sage et prudente administration de chaque caisse, leur resteront acquis. Ils seront versés par elles à leurs fonds de réserves, et, une fois constituées les réserves obligatoires prévues par la loi, elles en garderont la libre disposition, les utilisant soit en vue de la création d'institutions d'hygiène sociale (hôpitaux, sanatoria...), soit en ristournes ou réductions de cotisations.

Quant au *placement de leurs fonds*, les Caisses régionales sont tenues de l'effectuer, pour partie, en valeurs d'Etat ou garanties par l'Etat; mais, après avis du ministre et jusqu'à concurrence de moitié, elles restent libres de l'effectuer en prêts aux départements, communes, établissements publics, Chambres de commerce, en obligations de sociétés d'habitations à bon marché, etc...

Le *contrôle* des caisses est confié, pour le point de vue technique, à l' « Office national des Assurances sociales », et, pour le point de vue finan...er, au ministre des Finances.

Le *service local des prestations* sera assuré, au nom de chaque caisse, par l'entremise de *sections locales* d'au moins 20 membres.

Organismes d'administration et de juridiction.

« Pour assurer et surveiller l'application d'une loi d'assurance obligatoire, dont les organismes de fonctionnement sont autonomes, il était nécessaire de prévoir des services de contrôle et de contentieux fortement constitués. »

L'organisation prévue, souple, décentralisée et désencombrée des paperasseries inutiles, ne s'inspire que partiellement de l'exemple alsacien. Elle réclame, beaucoup plus que lui, de l'initiative privée. Son mécanisme comprend :

a) Un *Office national des assurances sociales*, substitué au « Comité consultatif des A. S. » qui se bornait à prévoir le projet gouvernemental.

L'Office constitue un organisme central de contrôle, « placé sous la présidence du ministre du Travail mais administré par un conseil *autonome* qui assurera et surveillera la marche de la vaste entreprise sociale ».

Chaque office régional restant chargé du soin de dresser son budget particulier, c'est à l'Office national qu'incombera la charge de dresser le budget total des assurances sociales sous la forme d'un « budget annexe » au budget général du pays. C'est en son nom que ce budget annexe sera, chaque année, présenté au Parlement par le ministre du Travail.

Toutes ses opérations comptables seront justiciables de la Cour des comptes, et sa gestion financière sera soumise au contrôle financier des agents du ministre des Finances.

Son « Conseil » groupera deux grandes catégories d'administrateurs : des magistrats ou hauts fonctionnaires chargés de représenter l'intérêt général (8 membres), des délégués des divers intérêts particuliers : employeurs (3) et assurés (3) élus par les unions ou fédérations régionales des Caisses, délégués élus par les Offices régionaux (2) et par les groupements professionnels de médecins (1), de sages-femmes (1) et de pharmaciens (1).

b) Des *Offices régionaux d'assurance* placés sous l'autorité directe de l'Office national, autonome et responsable, lequel nommera le *Directeur* de chaque office régional, sur une liste de 3 membres établie par le conseil d'administration dudit Office.

Les membres du conseil de chaque Office régional sont choisis, par moitié, parmi les intéressés : 2 délégués élus des employeurs, 2 délégués élus des assurés, pour moitié, parmi les représentants de l'intérêt général, : 2 nommés par le ministre du Travail, 2 par les ministres des

Finances et de l'Hygiène. Chaque Conseil élira ses *président* et vice-présidents.

Les Offices régionaux assumeront la double tâche : 1° d'assurer et contrôler l'application de la loi dans leur région ; 2° de faire connaître aux intéressés de leur ressort, par une propagande appropriée, le but et la portée de la législation nouvelle.

Seules les circonscriptions régionales trop étendues ou à effectif trop compact auront la facilité de recourir à une décentralisation de leur « Office régional », par adjonction de *Sections d'Office*.

c) Des *Conseils du contentieux*, chargés de prévoir et faciliter le règlement des conflits qui pourront naître de l'opposition des intérêts contraires.

Trois degrés de juridiction sont prévus : à Paris, un *Conseil supérieur du contentieux ;* au chef-lieu de chaque région d'assurance, un *Conseil régional du contentieux ;* au chef-lieu de chaque arrondissement, un *Conseil local*.

Ils comprendront respectivement : le Conseil local, trois juges dont deux désignés par l'Office (un assuré et un employeur), et un tiers arbitre nommé par le ministre de la Justice, le ministère public restant confié à un délégué de l'Office ; — le Conseil régional, juridiction d'appel, cinq juges dont trois délégués du conseil de l'Office et deux magistrats nommés par le ministre de la Justice, les fonctions du ministère public revenant normalement à l'administrateur de l'Office ; le Conseil supérieur, sept juges dont quatre magistrats et trois délégués de l'Office national des assurances sociales. Un représentant de l'Office, nommé par décret sur sa présentation et la proposition du ministre de la Justice, y assurera le ministère public.

En réalité, ces différents organismes représentent « moins des juridictions que des conseils d'arbitrage ». Leurs règles de procédure, inspirées très fidèlement de la loi du 31 mars 1919, visent à réduire au mininum les formalités et délais.

VI. — DISPOSITIONS DIVERSES

Avantages supplémentaires consentis par les employeurs. — Les institutions patronales ne se comptent plus qui se sont créées en vue de protéger le personnel de telle ou telle entreprise contre les risques qui le menacent. Sous le régime des assurances sociales, bien des employeurs désireront sans doute, pour de hautes raisons morales ou par préoccupation d'intérêt professionnel, accroître, au profit de leurs salariés, les avantages obligatoirement attribués aux assurés.

Le projet du gouvernement avait prévu déjà quelques dispositions destinées, dans ces deux cas, à concilier les intérêts patronaux et les garanties indispensables aux salariés. La Commission les maintient intégralement.

Dans le cas où ces libéralités empruntent le canal de *caisses syndicales professionnelles ou d'établissements*, constituées en application des règles générales qui régissent les caisses d'assurance, ces dispositions visent surtout à garantir, au mieux, la liberté patronale.

Dans celui, au contraire, où ces contributions bénévoles sont servies *directement par les employeurs eux-mêmes*, les dispositions spéciales de la loi s'attachent à prémunir la confiance des bénéficiaires soit contre le danger de « promesses sans garanties », soit contre celui d' « engagements sans sécurités ».

Régimes spéciaux de retraite. — Ce sont ceux, tout particulièrment favorables, dont jouissent déjà de nombreuses catégories de travailleurs et dont il ne peut être question de leur enlever le bénéfice pour les faire rentrer dans un cadre uniforme.

En ce qui concerne la retraite-vieillesse, l'assurance sociale laissera donc hors de ses prises : les salariés de l'Etat, des départements et des communes, des établissements publics et des administrations financières ; — ceux des Compagnies de chemins de fer et de tramways ; — les salariés des mines et carrières d'ardoises ; — les inscrits maritimes — les anciens militaires pensionnés pour ancienneté de services.

Le cas est prévu de ceux qui, ayant apartenu à un de ces régimes spéciaux, cessent par la suite d'y être soumis. Les dispositions qui déterminent leurs droits seront fixées par la voie d'un règlement d'administration en conformité du texte que leur consacrait le projet gouvernemental et dont la Commission n'a pas jugé opportun d'alourdir son libellé.

Sanctions. — Des sanctions sont prévues, punissant les fraudes et fausses déclarations intentionnelles :

1. Contre les *administrateurs*, directeurs ou agents de toute caisse, pour fraude ou fausse déclaration intentionnelle dans l'encaissement ou la gestion : amende de 100 à 2.000 francs et emprisonnement de 5 jours à 1 mois, le tout sans préjudice de la dissolution et, pour les personnes, d'un certain nombre de déchéances visées à l'art. 17.

2. Contre les *assurés* tendant, par des déclarations intentionnellement erronées, à obtenir des prestations auxquelles ils n'ont pas droit : amende de 15 à 500 francs.

3. Contre les *médecins*, chirurgiens et pharmaciens. Dans le cas de fausses déclarations intentionnelles, ils pourront être exclus des services de l'assurance. S'ils sont coupables de collusion avec les assurés, ils sont passibles, en outre, d'une amende de 100 à 2.000 francs et d'un emprisonnement de 5 jours à 2 mois.

L'article 463 du Code pénal et la loi du 26 mars 1891 sur l'atténuation ou l'aggravation des peines trouvent naturellement leur application dans ces divers cas.

(A suivre.)

Les Assurances sociales

Voici, dans ses grandes lignes, le projet de loi tel qu'il est sorti de la Commission de l'hygiène du Sénat, et qu'il sera soumis aux délibérations de la haute Assemblée.

Assurance obligatoire.

Art. 1". — 1. Les assurances sociales couvrent les risques maladie, invalidité prématurée, vieillesse, décès, chômage involontaire par manque de travail, et comportent une participation aux charges de famille et de maternité dans les conditions déterminées par la présente loi.

2. Sont affiliés obligatoirement aux assurances sociales tous les salariés des deux sexes dont la rémunération totale annuelle, quelle qu'en soit la nature, à l'exclusion des allocations familiales, ne dépasse pas 12.000 fr. Le chiffre limite est augmenté de 2.000 fr. par enfant à la charge de l'assuré, au sens fixé par l'article 20 de la présente loi. L'ouvrier de moins de 16 ans, travaillant en vertu d'un contrat d'apprentissage, n'est pas considéré comme salarié, même s'il reçoit une rémunération.

3. L'affiliation s'effectue obligatoirement et sous les sanctions prévues à l'article 64, à la diligence de l'employeur, dès la mise en application de la présente loi ou dans le délai de huitaine qui suit l'embauchage. Elle est opérée dans chaque département par les soins de l'office des assurances sociales qui immatricule l'assuré et lui délivre une carte individuelle d'assurances sociales.

4. Les salariés étrangers résidant en France sont assurés comme les salariés français ; mais ils ne bénéficient pas des allocations et des fractions de pensions imputables sur le fonds de majoration et de solidarité créé par la présente loi.

Art. 2. — 1. Les ressourcesdes assurances sociales sont constituées, en dehors des contributions de l'Etat, par un versement
égal à 10 % du montant global des salaires jusqu'à concurrence
du maximum de 12.000 fr. : 5 % à la charge de l'ouvrier, rete-
nus lors de sa paie, 5 % à la charge du patron, à qui incombe,
sous les sanctions prévues à l'article 64, le versement de cette
double contribution sous forme de vignettes, timbres, timbres
mobiles, chèques postaux ou autre mode de libération, à prévoir
par le règlement général d'administration publique...

Art. 3. — 1. L'assujettissement obligatoire aux assurances
sociales cesse à l'âge de 60 ans. Le salarié a la faculté d'ajourner,
d'année en année, la liquidation de ses droits à la retraite jusqu'à
65 ans. Il demeure, dans cette situation, assuré contre les divers
risques s'il continue à travailler.

2. L'assuré, retraité pour vieillesse, qui continue à travailler est
exonéré de la retenue de 5 %.

Risque-maladie.

Art. 4. — 1. L'assurance-maladie couvre les frais de médecine
générale et spéciale, les frais pharmaceutiques et d'appareils, les
frais d'hospitalisation et de traitement dans un établissement de
cure et les frais d'interventions chirurgicales nécessaires pour
l'assuré, selon conjoint et leurs enfants non salariés de moins de
16 ans, selon les modalités suivantes :

2. L'assuré choisit librement son praticien sur une liste locale
établie, d'un commun accord, entre les caisses et les syndicats
professionnels affiliés aux unions nationales. Cette liste com-
prendra les praticiens faisant partie des groupements professionnels, avec lesquels la caisse a passé un contrat, et tous les praticiens qui auront adhéré aux conditions fixées et qui n'auront pas
été exclus pour motifs graves et légitimes.

3. Les consultations médicales sont données au domicile du
praticien, sauf lorsque l'assuré ne peut se déplacer en raison de
son état. Toutefois, pour les visites à domicile, le choix de l'assuré est limité aux médecins ou aux sages-femmes de la commune où il réside. Si la liste ne comprend pas de praticiens
domiciliés dans la commune de l'assuré, celui-ci doit choisir
parmi les praticiens résidant dans la commune la plus rappro-
chée. Au cas où il désire faire appel à un autre praticien de la
liste, le supplément de frais pouvant résulter de l'appel de ce
praticien est laissé à la charge de l'intéressé.

4. Les prestations en nature, soit à domicile, soit dans un mi-
lieu hospitalier ou technique, sont réglementées d'après des conventions et évaluées suivant des tarifs locaux résultant, les uns

et les autres, de contrats collectifs intervenus entre les caisses et les syndicats professionnels.

5. Leur montant est supporté ou remboursé par la caisse au choix des intéressés. La participation de l'assuré aux frais médicaux est fixée par la caisse entre 10 et 15 % et réalisée, pour la visite, à l'aide d'un ticket. Le taux de la participation aux frais pharmaceutiques et autres est uniformément fixé à 10 %. Le règlement général d'administration publique déterminera les conditions d'exécution des présentes dispositions.

6. Après expérience d'au moins une année, toute caisse d'assurance pourra être autorisée, sur sa demande et après avis favorable de la section permanente du conseil supérieur des assurances sociales, à réduire le pourcentage de participation des assurés aux prestations en nature, ainsi que le délai de carence prévu à l'article 5. Le fonds de majoration et de solidarité pourra être appelé à participer aux dépenses résultant de la diminution du pourcentage des assurés.

7. Les prestations en nature sont dues à partir de la date du début de la maladie ou du traitement de prévention, qui est celle de la première constatation médicale, et pendant une période de six mois.

8. Toute rechute survenue dans les deux mois de l'affection est considérée comme la continuation de la maladie primitive.

Art. 5. — 1. Si l'assuré malade ne peut, d'après attestation médicale, continuer ou reprendre le travail, il a droit, à partir du sixième jour qui suit le début de la maladie ou de l'accident, et jusqu'à la guérison ou jusqu'à l'expiration des six mois prévus à l'article 4, à une indemnité par jour ouvrable égale au demi-salaire moyen quotidien.

2. L'indemnité journalière sera majorée jusqu'à concurrence de 60 % du salaire, lorsque celui-ci, rapporté à un travail normal pour l'année, n'atteindra pas un minimum déterminé annuellement par décret. Ce décret fixera, après avis de la section permanente du conseil supérieur des assurances sociales, les conditions d'attribution de cette majoration dont le taux variera suivant une échelle inverse au chiffre du salaire et qui pourra être en tout ou en partie à la charge du fonds de majoration et de solidarité.

3. Pour avoir droit ou ouvrir droit aux prestations en nature et en argent, l'assuré devra avoir cotisé réglementairement, au début de l'application de la loi, vingt jours durant le mois précédant la maladie, et à partir du quatrième mois, cinquante jours durant les trois mois antérieurs.

4. La caisse d'assurances verse, pour chaque jour ouvrable, au compte de l'assuré à qui elle sert une indemnité, la moitié de la fraction de cotisation qui devra être affectée au risque-vieillesse.

Cette fraction est calculée d'après la moyenne des cotisations inscrites au compte de l'assuré, au cours des douze mois qui ont précédé la maladie.

Art. 6. — 1. L'assuré a droit aux cotisations et aux traitements dans les dispensaires, cliniques, établissements de cure et de prévention dépendant de la caisse d'assurances dont il reçoit les secours de maladie ou ayant passé des contrats avec elle.

2. L'allocation à laquelle l'assuré peut prétendre est réduite en cas d'hospitalisation :

D'un tiers, si l'assuré a un ou plusieurs enfants de moins de 16 ans, ou bien, s'il a un ou plusieurs ascendants à sa charge;

De moitié, si l'assuré est marié sans enfant ni ascendant à sa charge ;

Des trois quarts, dans tous les autres cas.

Art. 7. — ...2. Tout bénéficiaire de l'assurance-maladie doit se prêter aux contrôles institués dans les conditions prescrites par le règlement général d'administration publique. L'intéressé peut toutefois exiger qu'ils s'effectueront en présence du médecin traitant. En cas de refus constaté, les prestations sont suspendues et notification en est faite à l'intéressé.

4. En cas d'abus, la caisse poursuit le remboursement des frais inutiles.

5. Les conventions passées entre la caisse et les syndicats professionnels de praticiens ou avec les établissements de soins sont soumises à une commission tripartite, fonctionnant au chef-lieu, composée par tiers de représentants des caisses, des groupements professionnels et, pour le dernier tiers, de représentants de l'office des assurances sociales. Elle est chargée, en outre, de prévenir et de régler les difficultés dans les divers services ou entre eux et de prendre toutes les sanctions nécessaires, avec appel devant la section permanente du conseil supérieur des assurances sociales.

Art. 8. — 1. Ne donnent pas lieu aux prestations en nature et en argent : les maladies et blessures indemnisées par les dispositions légales applicables aux accidents du travail.

2. Ne donnent pas lieu aux prestations en argent : les maladies, blessures ou infirmités résultant de la faute intentionnelle de l'assuré.

3. Les blessures et les maladies visées par la loi du 31 mars 1919 sur les pensions militaires sont gratuites suivant les conditions fixées à l'article 51.

Maternité.

Art. 9. — 1. Au cours de la grossesse et des six mois qui suivent l'accouchement, l'assurée et la femme de l'assuré bénéficient des prestations médicales et pharmaceutiques dans les conditions et limites fixées par les art. 4 et 5.

2. Six semaines avant l'accouchement, six semaines après l'assurée jouit de plein droit de l'indemnité journalière visée à l'article 5, sous la réserve qu'elle cesse tout travail salarié. durant cette période et qu'elle ait cotisé réglementairement cinquante jours pendant les trois mois qui ont précédé l'état de grossesse. Pour le calcul du salaire annuel, il est fait état des cotisations payées dans les douze mois antérieurs à cette grossesse.

4. L'assurée ou la femme de l'assuré qui allaite son enfant a droit, dans la période d'allaitement et pendant un an au maximum, à une allocation mensuelle spéciale de 100 fr. pendant les deux premiers mois, de 75 fr. le troisième, de 50 fr. du quatrième au sixième, de 25 fr. du septième au neuvième, de 15 fr. du dixième au douzième.

Risque-invalidité.

Art. 10. — 1. L'assuré qui, à l'expiration du délai de six mois, prévu à l'article 4, ou en cas d'accident, après consolidation de la blessure, reste encore atteint, suivant attestation médicale, d'une affection ou d'une infirmité réduisant au moins des deux tiers sa capacité de travail a droit d'abord, à titre provisoire, puis, s'il y a lieu, à titre définitif, à une pension d'invalidité.

2. Jusqu'à l'établissement d'un nouveau barème, le degré d'invalidité est estimé provisoirement d'après le barème en usage pour l'application de la loi du 31 mars 1919 sur les pensions, complété ou modifié, par arrêté du ministre du Travail, après avis de la section permanente du conseil supérieur des assurances sociales.

3. Si l'assuré conteste le pourcentage d'incapacité qui lui a été notifié dans les formes à fixer par décret, ou si la caisse estime qu'un nouvel examen de son dossier est nécessaire, l'état d'incapacité est apprécié par la commission technique prévue à l'article 7, avec appel devant la section permanente du conseil supérieur des assurances sociales.

4. Pour l'assuré affilié avant l'âge de 30 ans, la pension est égale à 40 % au moins du salaire annuel moyen des dix dernières années ou des années passées dans l'assurance si l'assuré est immatriculé depuis moins de dix ans. Ce taux est augmenté, jusqu'à concurrence de 50 %, de 1 % du salaire pour chaque année d'assurance en plus de 30 ans et correspondant au minimum de 200 jours de travail.

5. Pour l'assuré qui est immatriculé après 30 ans, ladite pension de 40 % est réduite d'un trentième par année ou par frac-

tion d'année d'âge comprise entre 30 ans et l'âge d'entrée, si l'assuré compte au moins cinq ans de versement. Dans le cas contraire, les dispositions du § 7 seront appliquées.

6. Pour l'assuré qui ne compte pas 30 ans d'assurance et qui, après l'âge de 30 ans, a interrompu ses versements pendant une année au plus, la pension d'invalidité est réduite d'un trentième par année d'interruption ou par fractions réunies d'année équivalant au moins à une année entière.

7. Pour les assurés âgés de plus de 30 ans au début de l'app'ication de la loi et qui, depuis sa mise en vigueur, auront effectué chaque année les versements obligatoires, la pension ne sera pas inférieure à 1.000 fr., si les intéressés justifient d'au moins cinq années de versements. Ce chiffre sera diminué de 100 fr. par année au-dessous de cinq ans, sans que le chiffre de la pension puisse descendre au-dessous de 600 fr. ou dépasser les 2/3 du salaire de base. Au delà de cinq années de versements, la pension sera calculée comme il est dit au § 5.

8. Quand le salaire est inférieur au minimum visé à l'article 5, le taux servant de base au calcul de la pension sera majoré à l'aide des ressources du fonds de majoration et de solidarité et dans les conditions visées à l'article précité, jusqu'à concurrence d'un maximum de 10 % du salaire suivant une échelle inverse au chiffre de celui-ci.

Art. 11. — 1. Pour invoquer le bénéfice de l'assurance-invalidité, l'assuré doit être immatriculé depuis un an au moins avant la maladie et par suite posséder à son compte les versements correspondant au moins à 200 jours de travail, durant les douze mois précédant le début de l'affection ou l'accident.

2. L'assuré dont l'invalidité a été constatée, mais qui n'a pas effectué le nombre des versements requis a droit, sur sa demande, au reversement de la fraction de cotisation affectée à l'assurance-invalidité.

Art. 12. — ... 5. La pension est supprimée si la capacité de travail devient supérieure à 50 %. Cette suppression prend effet de la date de la constatation médicale.

7. Si le titulaire d'une pension d'invalidité travaille, la fraction de cotisation affectée à l'aasurance-invalidité est portée au compte individuel d'assurance-vieillesse.

9. La rente viagère d'assurance-vieillesse du titulaire d'une pension d'invalidité est liquidée, soit normalement à l'âge de 60 ans, soit avec réduction dès la liquidation définitive de la pension d'invalidité en cas d'incapacité permanente et absolue de travail. Elle entre en compte dans le chiffre de la pension d'invalidité.

Risque-vieillesse.

Art. 13. — 1. L'assurance-vieillesse garantit au salarié, qui a atteint l'âge de 60 ans, une pension de retraite.

2. L'assuré peut ajourner jusqu'à 65 ans la liquidation de sa pension. Pour les assurés de la période transitoire, un délai minimum de cinq ans de versements est exigé pour ouvrir le droit à la pension de retraite. sans toutefois que l'entrée en jouissance puisse être retardée au delà de 65 ans.

Art. 14. — 1. Sur le montant de la double contribution prévue à l'article 2, il est affecté à la constitution d'une rente viagère de vieillesse, au profit de l'assuré, une somme fixée annuellement par décret et qui ne sera pas inférieure à 3 ½ % ni supérieure à 4 % du salaire. Les versements sont capitalisés à un compte individuel d'assurance à capital aliéné ou réservé, au gré de l'assuré.

2. Les tarifs d'assurance-vieillesse sont calculés dans les conditions déterminées par le règlement général d'administration publique, d'après 'e taux d'intérêt des placements et, provisoirement, suivant la table de mortalité de la population masculine et féminine, établie par la statistique générale de la France, table dite P. M. F.

Art. 15. — 1. Pour tout assuré pouvant justifier, à l'âge de 60 ans, ou avant l'âge de 65 ans, d'au moins 30 années de versements correspondant chacune à un minimum de 200 jours de travail, la pension de vieillesse ne sera pas inférieure à 40 % du salaire moyen des dix dernières années. La rente résultant du compte individuel est complétée, le cas échéant, jusqu'à concurrence de ce chiffre pour les assurés non bénéficiaires d'une pension d'invalidité.

2. Quand le salaire est inférieur au minimum visé à l'article 5, le taux servant de base au calcul de la pension sera majoré à l'aide des ressources du fonds de majoration et de solidarité et dans les conditions fixées à l'article précité, jusqu'à concurrence d'un maximum de 10 % du salaire, suivant une échelle inverse au chiffre de celui-ci.

3. Pour les assurés de la période transitoire qui auront effectué chaque année, depuis la mise en vigueur de la loi, les versements correspondant au moins à 200 jours de travail, la pension de vieillesse, calculée conformément aux §§ 1er et 2, sera égale à autant de trentièmes de la pension normale que l'assuré aura effectué d'années de versements, sans que le chiffre puisse être inférieur à 600 fr. Pour le calcul du minimum, les versements sont considérés comme effectués à capital aliéné.

4. Les assurés âgés de 55 à moins de 60 ans au moment

de la présente loi peuvent, s'ils ont effectué les versements fixés tant par la loi du 5 avril 1910 que par la présente loi, et s'ils renoncent au bénéfice du § 3 du présent article ou de l'article 12, § 2, obtenir à 60 ans l'allocation viagère de l'Etat et les bonifications auxquelles ils auraient eu droit sous le régime des retraites ouvrières.

Art. 17. — L'assuré peut demander la liquidation anticipée de sa pension à partir de l'âge de 55 ans, s'il a versé pendant vingt-cinq ans au moins. Toutefois, les minima garantis sont l'objet d'une liquidation ramenée au même âge et réduits en conséquence.

Art. 18. — L'assuré qui réclame la liquidation de sa pension peut demander :

a) D'affecter la valeur du capital de sa rente viagère, pour la partie excédant 1.000 fr., à l'acquisition d'une terre ou d'une habitation, qui deviendra inaliénable et insaisissable dans les conditions déterminées par la législation sur la constitution d'un bien de famille insaisissable. Ce remploi est subordonné à l'acceptation de la caisse d'assurances et doit être effectué sous son contrôle ;

b) Que le capital représentatif de sa pension serve à la constitution d'une rente réversible pour la moitié sur la tête de son conjoint survivant. Dans ce cas, la pension subira une réduction qui sera calculée d'après les tables et tarifs déterminés par le règlement général d'administration publique et de telle manière qu'il n'en résulte pour la caisse aucune charge supplémentaire.

Risque-décès.

Art. 19. — 1. L'assurance-décès garantit aux ayants droit de l'assuré le paiement, à son décès, d'un capital fixé à 20 % de son salaire annnuel moyen évalué comme il est dit à l'article 10, § 4.

2. Ce capital ne sera pas inférieur à 1.000 fr., lorsqu'il s'agit d'un assuré qui a régulièrement effectué les versements annuels. Toutefois, ce capital ne pourra dépasser les deux tiers du salaire moyen annuel du décédé.

3. Le versement du capital sera fait au conjoint survivant ou aux descendants ou, à leur défaut, aux ascendants qui étaient au jour du décès à la charge de l'assuré.

4. Pour ouvrir le droit à l'assurance-décès, l'assuré doit, depuis la mise en vigueur de la loi, compter au moins une année de versements.

5. L'assuré qui est déchu du bénéfice de l'assurance-maladie l'est aussi de celui de l'assurance-décès. Toutefois, il ouvre droit au remboursement de la fraction de cotisation affectée à l'assurance-décès pendant l'année qui a précédé le décès.

Charges de famille.

Art. 20. — 1. Les assurances sociales contribuent aux charges de famille de l'assuré à l'aide d'allocations payées par le fonds de majoration et de solidarité.

2. Par charges de famille, on entend les enfants de plus de six semaines et de moins de 16 ans, non salariés, à la charge de l'assuré, qu'ils soient légitimes, naturels, reconnus ou recueillis.

3. Les allocations sont dues, en cas de maladie, d'invalidité, de grossesse, ou de décès, et représentent pour chaque enfant :

1° une majoration de l'indemnité journalière égale à 50 centimes ;
2° une majoration de pension d'invalidité fixée à 100 fr. par an ;
3° une majoration du capital au décès égale à 100 fr. ;

4. Lorsqu'une dans une famille, le mari et la femme ont droit en même temps aux prestations des assurances, il n'est attribué qu'une majoration pour charges de famille.

5. Les présentes dispositions ne s'appliquent pas à l'assurance-chômage, pour laquelle est prévue une participation différente aux charges de famille.

Risque-chômage.

Art. 21. — 1. L'assurance-chômage garantit à tout assuré obligatoire de nationalité française et ayant un contrat de travail, une allocation par jour ouvrable, en cas de chômage involontaire par manque de travail.

2. Le taux de cette allocation est de 40 % du salaire calculé suivant les règles établies pour l'assurance-maladie. Cette allocation est majorée de 50 cent. par jour pour le conjoint non salarié et pour chaque enfant de moins de 16 ans au sens de l'article 20, dans la limite maxima du demi-salaire. Lorsque, dans une famille d'assurés, le mari et la femme reçoivent l'allocation, la majoration pour charges de famille n'est payée qu'une fois.

3. Cette allocation est due à compter du jour de l'inscription du chômeur à l'office de placement et pendant 60 jours ouvrables par période de 12 mois. Pour les assurés exerçant une profession sujette à une ou plusieurs mortes-saisons annuelles et pour ceux qui effectuent des travaux intermittents, les conditions dans lesquelles s'ouvrira le droit aux prestations ci-dessus sont établies par arrêté.

Une retenue de 10 % est opérée sur le montant de l'allocation journalière en vue de maintenir au bénéficiaire ses droits à l'assurance des autres risques.

Art. 22. — 1. Pour être admis au bénéfice de l'assurance-chômage, l'assuré devra remplir les mêmes conditions de cotisations que celles imposées pour l'assurance-maladie.

2. Les suspensions momentanées de travail résultant de l'inventaire, du manque de matières premières, accident ou réparation de machines et outillage, incendie ou inondation de l'établissement, et tous autres faits de même nature, ne donneront lieu au versement de l'allocation journalière que si la résiliation du contrat de travail s'ensuit.

3. Le commencement d'une période de chômage d'un assuré est déterminé par une double déclaration faite par l'intéressé et par son employeur adressée à l'office public de placement compétent et par l'inscription dans les huit jours du nom du chômeur sur les registres de l'office.

Art. 23. — 1. Dans chaque département, le service de l'assurance-chômage est confié à un office départemental et à des offices municipaux de placement. L'organisation de ce service est déterminé par arrêté ministériel, après avis du conseil général et des conseils municipaux des communes ayant plus de 10.000 habitants.

2. Pourront être autorisées à faire le service de l'assurance-chômage pour leurs adhérents, les caisses spéciales annexées à un syndicat professionnel, à une union de syndicats de même profession ou industrie, ou à une société de secours mutuels composée de membres exerçant en majorité la même profession ou industrie et constituées conformément aux dispositons de la loi du 21 mars 1884, modifiée par celle du 12 mars 1920 et de la loi du 1ᵉʳ avril 1898.

Art. 24. — 1. L'assurance-chômage est alimentée par :

1° Une affectation de 1 % des versements opérés en vertu de l'article 2 de la précédente loi ;

2° Le montant des subventions allouées par les départements et les communes, et dont le total sera égal à 25 % au moins de celui des allocations versées aux ayants droit au cours de chaque exercice ;

3° Des contributions de l'Etat, dont le montant sera égal au chiffre moyen des crédits budgétaires ouverts au cours des vingt derniers exercices au ministère du Travail au titre de fonds de chômage et de subventions aux caisses syndicales d'assurances contre le chômage.

2. Ces ressources seront versées au fonds de majoration et de solidarité à un compte spécial. Les allocations sont payées par les caisses départementales d'assurances.

3. L'office de placement ne devra admettre un chômeur à recevoir l'allocation que s'il ne peut lui indiquer un emploi en rapport avec ses aptitudes et normalement rémunéré. Si le

chômeur refuse l'emploi qui lui est offert en cours de chômage, l'office supprime le droit à indemnité. La décision de l'office est susceptible d'appel devant une commission paritaire, composée de deux ouvriers et de deux patrons désignés par tirage au sort sur une liste préétablie par les syndicats ouvriers et patronaux de la profession et présidée par le président du conseil de prud'-hommes.

4. Les chômeurs seront tenus de prendre part aux travaux momentanés de secours qui seraient organisés par les départements ou les communes, si leur état physique et leurs aptitudes professionnelles ne s'y opposent pas.

Art. 25. — 1. Sur les ressources de l'assurance-chômage, il est attibué une allocation forfaitaire de 3 fr. par an et par tête d'adhérent aux caisses syndicales et mutuelles autorisées.

2. Les caisses syndicales ou mutuelles autorisées recevront une subvention égale à 70 % du montant de cette allocation versée par elles à leurs adhérents, lesdites allocations ne pouvant être supérieures au demi-salaire.

3. L'office central de main-d'œuvre et les offices régionaux sont chargés du contrôle technique des divers organismes départementaux et municipaux.

4. Le règlement général d'administration publique déterminera les règles et conditions générales d'organisation et de fonctionnement des services d'assurance-chômage, et les mesures de contrôle auxquelles ils seront soumis.

Des caisses d'assurances.

Art. 26. — 1. La gestion des assurances sociales est confiée, dans chaque département, à une caisse départementale unique, qui doit ouvrir un compte à tout assuré immatriculé et à des caisses primaires. Ces organismes sont constitués et administrés conformément aux prescriptions des articles 3, 4, 5 et 6 de la oi du 1ᵉʳ avril 1898 sur les sociétés de secours mutuels. Ils fonctionnent pour la couverture des risques et l'attribution des prestations dans les conditions de la présente loi.

2. Les caisses primaires se proposent les assurances-maladie et maternité, et éventuellement la vieillesse et le décès. Les sociétés ou unions de sociétés régies par la loi du 1ᵉʳ avril 1898, les syndicats professionnels et unions de syndicats régulièrement constitués en application de la loi du 21 mars 1884, ainsi que les caisses mutuelles agricoles visées par la loi du 4 juillet 1900 peuvent fonder une caisse primaire pour les assurés appartenant à ces organismes et les membres de leur famille. Les assurés peuvent se grouper spontanément pour la création d'une caisse primaire, Les caisses primaires doivent assurer directe-

ment le service local des prestations. Toutefois, lorsqu'elles sont fondées par des caisses de réassurance constituées en application de la loi du 4 juillet 1900, elles sont admises à assurer ce service par l'intermédiaire des organismes locaux affiliés auxdites caisses de réassurance.

3. L'assuré qui, au jour de la promulgation de la loi, appartiendra en qualité soit de membre participant, soit de membre honoraire, à une société de secours mutuels fonctionnant dans les conditions de la loi du 1" avril 1898 est présumé, sauf désignation contraire de sa part dans un délai de deux mois, faire choix de la caisse primaire constituée par cette société ou vouloir être tributaire de ladite société pour le service local des prestations. Si l'assuré est affilié à plusieurs sociétés de secours mutuels, il indique éventuellement celle dont il entend dépendre pour la présomption d'affiliation.

4. Les caisses mutualistes de retraites ouvrières constituées en application de la loi du 5 avril 1910 et les caisses autonomes de la loi du 1" avril 1898 sont admises à gérer comme caisses primaires les comptes individuels d'assurance-vieillesse et à assurer les prestations en cas de décès. Les caisses de retraites ouvrières visées aux alinéas 3 et suivants de l'article 14 de la loi du 5 avril 1910 pourront, à cet effet, se transformer en caisses mutualistes ou seront absorbées par les caisses départementales. Dans le premier cas, leurs adhérents bénéficient de la présomption d'affiliation prévue au paragraphe précédent.

Bar-le-Duc. — Impr. Brodard & Cⁱᵉ. — 207,5,26.